BEI GRIN MACHT SICH IHR WISSEN BEZAHLT

Selbstmanagement, PowerPoint als Präsentationsmedium und die psychosoziale Dimension von Zeit

Johannes Kölmel

Bibliografische Information der Deutschen Nationalbibliothek:

Die Deutsche Nationalbibliothek verzeichnet diese Publikation in der Deutschen Nationalbibliografie; detaillierte bibliografische Daten sind im Internet über http://dnb.d-nb.de abrufbar.

ISBN: 9783346890146
Dieses Buch ist auch als E-Book erhältlich.

Druck und Bindung: Books on Demand GmbH, Norderstedt Germany
Gedruckt auf säurefreiem Papier aus verantwortungsvollen Quellen

Das vorliegende Werk wurde sorgfältig erarbeitet. Dennoch übernehmen Autoren und Verlag für die Richtigkeit von Angaben, Hinweisen, Links und Ratschlägen sowie eventuelle Druckfehler keine Haftung.

Das Buch bei GRIN: https://www.grin.com/document/1363304

Einsendeaufgabe

Selbstmanagement - Alternative C

Online eingereicht am 22.10.2021
 SRH Fernhochschule

Modul: Selbstmanagenent
Studiengang: Sportmanagement

Von
Johannes Kölmel

Inhaltsverzeichnis

Abkürzungsverzeichnis

bspw.	beispielsweise
bzw.	beziehungsweise
etc.	et cetera
Mio.	Millionen
sog.	sogenannt
vgl.	vergleiche

Abbildungsverzeichnis

Aus Gründen der besseren Lesbarkeit wird bei Personenbezeichnungen und personenbezogenen Hauptwörtern auf dieser Website die männliche Form verwendet. Entsprechende Begriffe gelten im Sinne der Gleichbehandlung grundsätzlich für alle Geschlechter. Die verkürzte Sprachform hat nur redaktionelle Gründe und beinhaltet keine Wertung.

4

1 – Methoden des Zeit- und Selbstmanagements

Die Arbeitswelt verändert sich in rasantem Tempo und wird immer komplexer. Durch Faktoren wie Globalisierung, Digitalisierung und die ständige Vernetzung sind unsere Arbeitstage einer enormen Dynamik ausgesetzt und schwer planbar. Deswegen steigt der Workload sowie auch die Erwartungen, Ansprüche und der Kommunikationsaufwand.[1] Die Herausforderung ist es, Familie, Freunde, Hobbies etc. mit den Verpflichtungen eines Fernstudiums in Einklang zu bringen. Damit dies erfolgreich gelingt, ist es von immenser Wichtigkeit, Prioritäten zu setzen und die Zeit geschickt einzuteilen. Hierfür bieten sich verschiedene Strategien des Zeit- und Selbstmanagements an, von welchen nachfolgend drei Methoden ausführlich vorgestellt werden.

1.1 Eisenhower-Prinzip

Eine Methode des Zeit- und Selbstmanagements stellt das Eisenhower-Prinzip dar. Es wurde von Dwight D. Eisenhower, dem 34. Präsidenten der Vereinigten Staaten von 1953-1961[2], entwickelt. Das Prinzip ist in Form einer Vier-Felder-Matrix aufgebaut, um Aufgaben nach ihrer Wichtigkeit und Dringlichkeit zu ordnen.

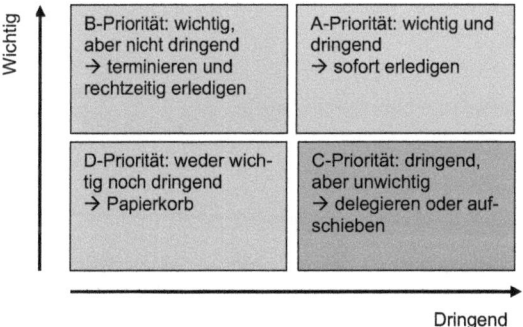

Abbildung 1: Das Eisenhower-Prinzip (Eigene Darstellung, in Anlehnung an Baus, L. (2015), S. 49)

---

[1] Vgl. Baus, L. (2015), S. IX
[2] Vgl. Macmillan, P. (2019), S. 112

Die obige Abbildung zeigt die vier Prioritätenfelder. Das Ziel ist, die anstehenden Aufgaben in diese vier Felder zu unterteilen, um einen detaillierten Überblick zu erlangen. Welcher Kategorie eine Aufgabe zuzuteilen ist, wird anhand der Kriterien Dringlichkeit und Wichtigkeit entschieden. Aufgaben mit A-Priorität sind somit sehr dringend und wichtig. Sie tragen am meisten zur Zielerreichung bei. In die Kategorie B-Priorität fallen Aufgaben, die zwar wichtig sind, jedoch nicht direkt bearbeitet werden müssen und somit auf die nächsten Tage terminiert werden können. Aufgaben mit hoher Dringlichkeit und geringer Wichtigkeit, sprich C-Priorität, sollten an jemanden anderen übergeben bzw. reduziert werden, um sich Zeit und Platz für die dringenden Themen zu verschaffen. Das letzte Prioritäten-Feld ist als D-Priorität beschrieben und stellt Aufgaben, die weder dringend noch wichtig sind, dar. Hier ist es empfehlenswert, diese Aufgaben ruhen zu lassen und sich nicht weiter damit zu beschäftigen, da sie lediglich wichtige Zeit rauben.[34]

1.2 ALPEN-Methode

Die ALPEN-Methode ist eine weitere Möglichkeit zur persönlichen Zeit- und Organisationsplanung. Sie wurde von Sachbuchautor und Redner Lothar J. Seiwert erstellt[5] und dient unterstützend bei der Erstellung von Tagesplänen in nur wenigen Schritten.[6] ALPEN wird hier als Akronym verwendet und beschreibt folgende Schritte[7]:

A – Aufgaben ermitteln und zusammenstellen,

L – Länge der Tätigkeiten schätzen,

P – Pufferzeiten einplanen,

E – Entscheidungen über Prioritäten treffen,

N – Nachkontrolle durchführen.

Der Tagesplan sollte am Vorabend schriftlich festgehalten werden. Dadurch können sich die zusammengestellten Aufgaben über Nacht im Unterbewusstsein

---

[3] Vgl. May, S. (2015), S. 88
[4] Vgl. Becker, J., Ebert, H. Pastoors, S. (2018), S. 121-122
[5] Vgl. vwl.uni-mannheim (2016), S. 4
[6] Vgl. Dechange, A. (2020), S. 333
[7] Vgl. Kollmann, T., Kuckertz, A., Stöckmann, C. (2016), S. 4-5

verfestigen. Dies dient einer besseren Orientierung, das Gedächtnis wird entlastet und es besteht nicht die Gefahr, den Überblick an einem ereignisreichen Tag zu verlieren. Zudem wirken schriftlich fixierte Ziele motivierend, und der Fokus kann auf die einzelnen Aufgaben gerichtet werden.[8]

Nachdem die Aufgaben in Schritt eins zusammengestellt sind, gilt es, in Schritt zwei die Länge der Bearbeitungszeit festzulegen. Da dies oftmals schwierig abzuschätzen ist, bedarf es der Einplanung von Pufferzeiten. Empfehlenswert ist es, maximal 60% der verfügbaren Zeit zu verplanen, damit noch genügend Zeit für unvorhersehbare oder länger andauernde Aufgaben bleibt.

Eine Priorisierung der Aufgaben als vorletzter Schritt hilft, wichtige und eilige von unwichtigeren Aufgaben zu unterscheiden und diese direkt am Anfang zu bearbeiten.

Abschließend bietet eine Nachkontrolle die Möglichkeit, einen Überblick über die geschafften Aufgaben zu gewinnen und daraus Motivation für den nächsten Tag zu schöpfen. Darüber hinaus hilft sie, weitere Tagesplanungen realistischer zu gestalten.[9]

1.3 ABC-Analyse

Eine weitere Strategie des Zeit- und Selbstmanagements ist die ABC-Analyse. Dieses betriebswirtschaftliche Analyseverfahren wurde Anfang der fünfziger Jahre von H. Ford Dickie erstellt. Er wollte mit Hilfe des Verfahrens in Erfahrung bringen, welche Kunden den stärksten Umsatz bringen.[10] Aufgrund der einfachen Logik und der Unabhängigkeit von spezifischen Untersuchungsgegenständen lässt sich die ABC-Analyse aber auch als Methode für das Selbstmanagement nutzen.[11] Sie dient dazu, ähnlich wie das Eisenhower-Prinzip, das Wesentliche vom Unwesentlichen zu trennen.[12]

Hierbei werden die Aufgaben in A-, B- und C-Aufgaben klassifiziert, um die Zeit für die Bearbeitung dementsprechend zu planen. A-Aufgaben sind als die wichtigsten Aufgaben, B-Aufgaben als die durchschnittlich wichtigen und C-Aufgaben als die am wenigsten wichtigen Aufgaben definiert.

---

[8] Vgl. Rusch, S. (2019), S. 118-119
[9] Vgl. Kollmann, T. et al. (2016), S. 5
[10] Vgl. Baus, L. (2015), S. 47
[11] Vgl. Billing, F., Schawel, C. (2014), S. 12-13
[12] Vgl. Boyanova, B. (2015), S. 40

Anteil am Ergebnis (in %)

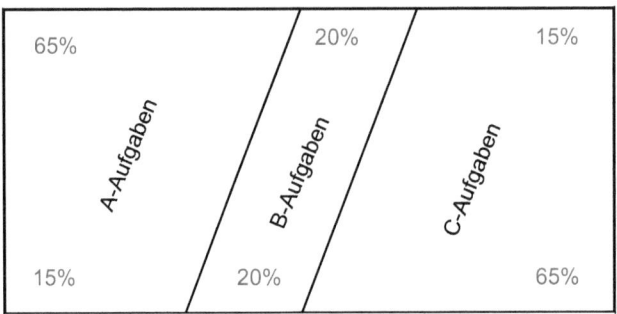

Anteil an der Gesamtmenge der Aufgaben (in %)

Abbildung 2: ABC-Analyse (Quelle: Eigene Darstellung, in Anlehnung an Baus, L. (2015), S. 48)

Wie aus der Abbildung 2 erkenntlich wird, tragen die A-Aufgaben etwa 65% zum Gesamtergebnis bei, weisen jedoch den geringsten Zeitaufwand auf. Die durchschnittlichen B-Aufgaben stehen in einem Verhältnis von 20/20 und die unwichtigen C-Aufgaben benötigen 65% der Zeit für lediglich 15% Anteil am Ergebnis.[13]

1.4 Einsatz der Methoden im Fernstudium

Nachdem nun drei Methoden aus dem Zeit- und Selbstmanagement vorgestellt wurden, werden im letzten Abschnitt die Einsatz- und Anwendungsmöglichkeiten erläutert.

Ein Fernstudium bietet ein hohes Maß an Flexibilität. Es benötigt lediglich ein Laptop bzw. Tablet und eine funktionierende Internetverbindung. Dies ist zum einen ein sehr positiver Aspekt, birgt aber auch große Herausforderungen. Hierbei sind Eigenmotivation sowie Selbstorganisation des Studierenden entscheidend. Zudem studieren die meisten Fernstudenten nebenberuflich, was oftmals einen hohen Workload hervorruft und die Zeit für das Fernstudium sehr gering ist. Dahingehend sollte sie, mit bspw. den oben genannten Methoden, möglichst effizient und produktiv genutzt werden. Hierbei muss jeder Student seine individuell passende Methode für das Zeit- und Selbstmanagement finden.

---

[13] Vgl. Rusch, S. (2019), S. 116

Aufgrund dessen, dass ein Arbeitstag einer nicht unerheblichen Dynamik unter-liegt und im Verlauf des Tages oftmals weitere Aufgaben entstehen, wird ein Kon-zept zur Priorisierung der anstehenden Tätigkeiten benötigt. Hier eignet sich das Eisenhower-Prinzip, um die Aufgaben nach Dringlichkeit und Wichtigkeit zu un-terscheiden, damit zeitfressende unwichtige Aufgaben identifiziert und bei Seite gelegt werden sowie die wichtigen Aufgaben mit maximaler Effizienz erledigt wer-den können. Basierend auf dieser Grundlage können sinnvolle Prioritäten gesetzt werden, die den Studenten bei der Bewältigung seines Studiums positiv unter-stützen.[14]

Ebenfalls unterstützend kann die ALPEN-Methode innerhalb eines Fernstudiums wirken. Der Student schafft sich mit dieser Methode einen detaillierten Überblick über die nächsten Arbeitstage und kann sich somit mental darauf vorbereiten. Dadurch wird ein Gefühl des Selbstvertrauens bei dem Studenten hervorgerufen. Zusätzlich gibt die Einplanung der Pufferzeiten Sicherheit, da, selbst wenn bspw. Aufgaben mehr Zeit als geplant beanspruchen, genügend Zeit zur Bearbeitung bleibt. Somit wird der Stress enorm reduziert und es bleibt ausreichend Zeit für Familie und Hobbies.[15]

Abschließend ist noch die ABC-Analyse zu nennen, welche dem Studenten einen Überblick über die wichtigen und weniger wichtigen Aufgaben bietet. Sie kann bspw. bei Zeitmangel eingesetzt werden, um direkt mit den A-Aufgaben zu be-ginnen, damit der wichtigste Teil der Aufgaben zuerst bearbeitet werden kann.

Schlussendlich ist festzuhalten, dass alle vorgestellten Methoden unterstützend in einem Fernstudium eingesetzt werden können. Zudem lassen sich die Metho-den auch kombinieren, um das individuell am besten geeignete Konzept für sich zu finden. Somit muss jeder Studierende selbstständig herausfinden, mit welcher Methode er am effektivsten und produktivsten arbeiten kann.

2 – PowerPoint als Präsentationsmedium

Die Art und Weise des Präsentierens hat sich seit den 1990er-Jahren deutlich verändert. Wo früher noch Tageslicht- und Diaprojektoren als Hilfsmittel zur

---

[14] Vgl. Baus, L (2015), S. 49
[15] Vgl. Sutoris, M. (2018), S. 142-143

Veranschaulichung dienten, sind es heute Laptop und Beamer. Diese Veränderung wurde vor allem durch das Programm PowerPoint ermöglicht, welches 1987 von Microsoft veröffentlicht wurde. Mittlerweile werden täglich mit PowerPoint bis zu 30 Mio. Präsentationen erstellt und verwendet.[16]

Dennoch herrschen geteilte Meinungen, ob und wie nützlich PowerPoint ist. Bspw. Jeff Bezos, Gründer und CEO von Amazon, hat den Einsatz von PowerPoint in Vorstandssitzungen verboten, da er findet, dass es schwierig für den Zuhörer sei, dem Redner sowie der Präsentation zu folgen.[17] Eine andere Meinung teilt Mark Zuckerberg, Gründer und CEO von Facebook, der regelmäßig PowerPoint bei seinen Vorträgen als Präsentationsprogramm nutzt, um die Zuschauer zu begeistern.[18] Diese Aussagen unterstreichen die zweigeteilten Meinungen über die Software.

Aus diesem Grund werden nachfolgend die Vor- und Nachteile von PowerPoint erläutert und kritisch reflektiert, inwieweit PowerPoint als Präsentationsmedium geeignet ist.

Ein großer Vorteil von PowerPoint ist die Möglichkeit, die Inhalte eines Vortrags zu illustrieren. Dahingehend können Kernaussagen mit Hilfe von Fotos, Plänen, Landkarten etc. unterstrichen und deutlich hervorgehoben werden, wie es allein mit Sprache nicht möglich wäre.[19]

Des Weiteren können Bewegbilder wie Animationen oder Videos den Vortragenden in seinem Redefluss unterstützen und die Aufmerksamkeit der Zuschauer erhöhen.[20]

Außerdem erleichtert die Verknüpfung von PowerPoint mit den anderen Microsoft-Apps wie Excel, OneNote, Word etc. das Einbinden von Diagrammen, Tabellen und weiteren Schaubildern enorm. Somit können mehrere Dateien gebündelt in einer Präsentation dargestellt und dem Zuhörer veranschaulicht werden. Zudem beinhaltet dies den Vorteil, dass die Präsentation im Nachgang als detailliertes Nachschlagewerk dienen kann.[21]

---

[16] Vgl. Wetterwald, C. (2007), S. 1
[17] Vgl. Griesfelder, R. (2013), S. 70
[18] Vgl. LearnNewThings (2018)
[19] Vgl. Hesse, M (2010), S. 22
[20] Vgl. Renz, K.-C. (2016), S. 92
[21] Vgl. Renz, K.-C. (2016), S. 84-86

Ein weiterer positiver Aspekt der Präsentationssoftware ist, dass laut einer Studie aus dem Jahr 2020 insgesamt 85% der deutschen Unternehmen Microsoft-Anwendungen nutzen. Dies hat zur Folge, dass neue Mitarbeiter in den meisten Fällen keine ausführliche Einführung in die Programme benötigen und ad-hoc damit arbeiten können.[22]

Daneben bietet PowerPoint dem Vortragenden auch die Option zur personellen Selbstdarstellung. Durch die Vielzahl der individuellen Gestaltungsmöglichkeiten wie Layout, Schrift, Farben etc. addiert mit dem Inhalt sowie der persönlichen Gestik, Mimik und Körpersprache kann der Redner der Präsentation seine eigene persönliche Note verleihen.[23]

Auch bietet die Software durch die „Corporate Design-Funktion" vor allem Unternehmen einen weiteren Vorteil. Mit dieser Funktion können eigene Vorlagen von Seiten des Unternehmens erstellt werden, welche intern freigeschaltet werden. Somit kann jeder Mitarbeiter darauf zugreifen und seine eigenen Präsentationen mit der vorgefertigten Unternehmensvorlage erstellen, was einen einheitlichen und professionellen Auftritt intern wie auch extern gewährleistet.[24]

Dem gegenüber stehen die Nachteile der Präsentationssoftware PowerPoint. Wie bereits oben erwähnt herrschen geteilte Meinungen zu der Software.

Ein Nachteil ergibt sich aus den vielen visuellen Reizen einer PowerPoint-Präsentation. Dadurch entsteht eine Entpersonalisierung, welche dazu führt, dass es dem Moderator nicht möglich ist, ein vertrauensvolles Verhältnis zum Publikum aufzubauen. Somit bekommen persönliche Fähigkeiten des Vortragenden wenig bis keine Beachtung und die Zuschauer nehmen seine Wirkung und Sprache weniger wahr.

Zudem neigen Personen durch die unendlich vielen verschiedenen Designmöglichkeiten bei der Erstellung einer PowerPoint-Präsentation dazu, zu viele Animationen, grafische Darstellungen, Tabellen etc. auf den Folien zu platzieren. Hierbei leidet der Zuschauer schnell an einer Reizüberflutung und kann die dargestellten Inhalte nicht komplett wahrnehmen. Dadurch schwinden Aufnahmefähigkeit sowie Aufmerksamkeit des Publikums.[25]

[22] Vgl. Statista (2020)
[23] Vgl. Hesse, M. (2010), S. 23
[24] Vgl. Baumeister, I. (2016)
[25] Vgl. Motte, P (2009), S. 128-129

Ein weiterer Kritikpunkt ist, dass PowerPoint nur Seiten und keine Seitenumbrüche kennt. Das Programm wurde als Software für Bildbetrachtung entwickelt, und Bilder benötigen keine Seitenumbrüche. Da PowerPoint mittlerweile so stark verbreitet ist, werden damit aber auch komplexe Sachverhalte abgebildet und präsentiert. Die starre Seitenorientierung zwingt den Ersteller, das Wissen auf viele Seiten zu verteilen bzw. den Inhalt zu kürzen, womit komplexe Sachverhalte nicht optimal erläutert und veranschaulicht werden können.

Ein weiterer Nebeneffekt der Seitenstarrheit ist, dass mit jedem „Weiterklicken" zur nächsten Folie die Aufmerksamkeit sinkt sowie die unterschiedliche Wichtigkeit aufgrund der hohen Anzahl der Folien für den Zuhörer nicht mehr erkennbar ist. Dies kann vor allem bei komplexen Themen zu Verständnisproblemen führen.[26]

Außerdem wechselt der Moderator seinen Blickwinkel bei einer Präsentation sehr häufig. In den meisten Fällen werden die Folien mit Blick zur Wandprojektion kommentiert. Bei einem Wechsel zur nächsten Folie muss sich der Redner zum Publikum drehen und per Hand am Notebook zur nächsten Folie umschalten, sofern keine Fernbedienung vorhanden ist, Das Wechselspiel zwischen Abwendung und Zuwendung zum Publikum wirkt sich ebenfalls negativ auf die Aufmerksamkeit der Zuschauer sowie auf die Konzentration des Vortragenden aus.[27]

Als letzter negativer Aspekt sind die Anschaffungskosten zu nennen. Die Software kann im Microsoft Store einzeln (135 Euro) oder im Microsoft 365-Paket (7 Euro pro Monat) erworben werden.[28] Zusätzlich wird noch ein Notebook sowie ein Beamer zur Präsentation benötigt, was ebenfalls mit hohem Kostenaufwand verbunden ist.

Nachdem die Vor- und Nachteile von PowerPoint ausführlich erläutert wurden, widmet sich der letzte Abschnitt den alternativen Präsentationsmedien.

Als eine Alternative eignet sich das Whiteboard und das Flipchart. Beide Medien dienen der Präsentation handschriftlicher Notizen. Der Vorteil eines Flipcharts liegt darin, dass es bereits vor der Präsentation angefertigt werden kann und der Redner es von Raum zu Raum rollen kann. Ein Whiteboard hingegen hängt meist

---

[26] Vgl. Griesfelder, R. (2013), S. 71
[27] Vgl. Grabwoski, J. (2008), S. 13-14
[28] Vgl. microsoft (2021)

fest montiert in einem Raum und kann für Skizzen sowie spontane Diskussionen während der Präsentation genutzt werden, um das Publikum einzubinden. Ein Whiteboard bzw. ein Flipchart können auch zusätzlich zu einer PowerPoint-Präsentation genutzt werden, womit der Vortrag an Variabilität gewinnt.[29]

Als weiteres Präsentationsmedium dient in Zeiten der Digitalisierung die webbasierte Software Prezi. Sie ist im Internet für jede Person mit einem Laptop und einer funktionierenden Internetverbindung zugänglich und benötigt lediglich das Erstellen eines Accounts, um loszulegen. Der große Unterschied von Prezi ist, dass es keine endenden Seiten wie PowerPoint vorweist, sondern ein großes, virtuelles Whiteboard darstellt, auf welchem verschiedene Inhalte wie bspw. Texte, Videos, Schaubilder, Links etc. so angeordnet werden können, dass ein Zusammenhang bzw. eine Idee veranschaulicht wird. Das bedeutet, dass bei Prezi nicht geblättert wird, sondern eine Kamerafahrt über die Leinwand entsteht. Dabei besteht die Möglichkeit, eine „Zoom-Funktion" zu nutzen und gewisse Inhalte detaillierter zu erläutern. Somit erhält der Zuschauer eine Gesamtübersicht zum Thema, bei welcher der Redner die Option besitzt, die wichtigsten Aspekte in der Tiefe zu behandeln.[30]

Weitere typische Alternativen, die bei Vorträgen Verwendung finden, sind:
- o Schreibtafel,
- o Overheadprojektor,
- o Pinnwand,
- o Beamer mit PC.

Diese Medien können als Hilfsmittel zu einer Präsentation mit Whiteboard und Flipchart, PowerPoint oder Prezi eingesetzt werden.

Zusammenfassend lässt sich sagen, dass PowerPoint mit seinen Vorteilen weiterhin als geeignetes Präsentationsmedium dient. Dennoch sollte der Einsatz abhängig vom behandelnden Thema, der Zielgruppe sowie den persönlichen Präsentationsskills gemacht werden.

---

[29] Vgl. Händel, D., Kresimon, A., Schneider, J. (2007), S. 136-137
[30] Vgl. Eckhoff, M. (2015), S. 4-5

3 – Psychosoziale Dimension von Zeit

Zeit weist eine psychosoziale Dimension auf. Der Begriff „psychosozial" beschreibt die psychischen Fähigkeiten einer Person in Abhängigkeit ihrer kulturellen, sprachlichen und sozialen Umwelt.[31] Dahingehend gibt es keine klare Definition von Zeit, sondern verschiedenste Theorien, was Zeit bedeutet.
Dennoch ist bewiesen, dass sie unseren Alltag vorgibt und unsere Lebensplanung strukturiert.[32] Sie ist untrennbar verbunden mit Veränderungen und zuständig für Vergangenheit, Gegenwart und Zukunft. Zeit bekommt deshalb einen hohen Stellenwert in unserer Gesellschaft beigemessen und wird aufgrund ihrer Begrenztheit als wichtige Ressource definiert.[33]

Die Wissenschaft beschäftigt sich bereits seit längerem mit der Zeit und hat sechs Forschungsperspektiven bestimmt, in welche Zeit einzuteilen ist:

o Physik (Naturzeit),
o Philosophie (Zeit an sich),
o Geschichte (Kulturell-historische Zeit),
o Psychologie (Subjektive Zeit),
o Soziologie (Soziokulturelle Zeit),
o Chronobiologie (Biologische Zeit).

Im weiteren Teil werden nicht alle sechs Perspektiven detailliert erläutert, da es den Rahmen der Aufgabe sprengen würde.

Für die Naturwissenschaftler ist Zeit objektiv und physikalisch messbar. Dieses wissenschaftliche Verständnis hat ihren Ursprung in Isaac Newtons Konzept der absoluten Zeit sowie Albert Einsteins Relativitätstheorie und deren Aussagen über die Zeit. Heutzutage wird sich ebenfalls immer noch bei Fragen über die Zeit auf die Naturwissenschaften bezogen[34], was das Bestseller-Buch von Stephen Hawking (2018) „Eine kurze Geschichte der Zeit" unterstreicht.[35]

---

[31] Vgl. Duden (2021), (23.9.21, 14:53)
[32] Vgl. Müller, A. (2013), S. 18
[33] Vgl. Arenberg, P. (2018), S. 69-70
[34] Vgl. Morgenroth, O. (2008), S. 30
[35] Vgl. Google (2021), (24.9.21, 11:29)

In der Soziologie wird Zeit als soziales Konstrukt, als Institution sowie als gesell-schaftlicher Bezugsrahmen definiert. Sie dient der Strukturierung von Vergange-nem. Das bedeutet, Zeit wird nicht objektiv betrachtet[36], sondern als „sozialer Gegenstand – aus der Abstimmung und Angleichung subjektiv-relativer Zeitvor-stellungen."[37]

Die Chronobiologie wurde erst Mitte des 20. Jahrhunderts als neues Forschungs-feld vorgestellt.[38] Sie untersucht die Verknüpfung von Zeit, Rhythmizität und Ge-sundheit und stellt sich die Frage, wie die biologischen Rhythmen durch endo-gene und exogene Faktoren beeinflusst werden. Sie hat bereits aufgezeigt, dass wenn wir die verschiedenen Rhythmen in unserem individuellen Organismus kennen und berücksichtigen, dies positive Auswirkungen auf unsere mentale und körperliche Gesundheit hat.[39] Mittlerweile beschäftigen sich Wissenschaftler aus der Verhaltensforschung, der Endokrinologie, der Immunologie, der Molekularbi-ologie, der Neurowissenschaft sowie der Genetik mit der Untersuchung dieses Forschungsfelds.

Umgangssprachlich ist oft von der inneren Uhr die Rede. Die Wissenschaft ist sich seit den Bunkerversuchen von Jürgen Aschoff aus dem Jahr 1960 sicher, dass jede Zelle, jedes Körpergewebe und jedes Organ über eine eigene innere Uhr verfügt.[40] Die innere Uhr wird bestimmt durch sich wiederholende Zeitgeber wie bspw. Licht und Dunkelheit sowie durch Alter, Gene und Geschlecht. Diese sich dabei bildenden interindividuellen Unterschiede werden als Chronotypen be-zeichnet. Unter den Chronotypen bilden die sog. Lerchen (Frühaufsteher) und Eulen (Nachtschwärmer) die Extreme, bei welchen teilweise die Schlafzeiten bis zu zwölf Stunden abweichen. Kinder sind Frühaufsteher, was sich in der Adoles-zenz ändert, Männer sind spätere Chronotypen als Frauen und je früher die Sonne aufgeht, desto früher ist der Chronotyp eines Menschen. Dies sind Bei-spiele für weitere Erkenntnisse, welche aus Untersuchungen gewonnen werden konnten.

Die Herausforderung besteht darin, dass die Umwelt feste Zeiten vorschreibt, was zu geringerer Leistungsfähigkeit und einem sozialen Jetlag führen kann.[41]

---

[36] Vgl. Dimbath, O. (2016), S. 64
[37] Dimbath, O. (2016), S. 69
[38] Vgl. Peschel, P. (2021), S. 8
[39] Vgl. Fauteck, J.-D. (2018), S. 1-4
[40] Vgl. Peschel, P. (2021), S. 9
[41] Vgl. Arenberg, P. (2018), S. 72

Beispiele hierfür sind ein früher Arbeits- oder Schulbeginn, der für Spätaufsteher noch in der Schlafenszeit liegt oder die ständige Erreichbarkeit in der Freizeit, die keine klare Abgrenzung zwischen Job und Freizeit ermöglicht.[42] Dies führt zu Schlafstörungen, Depressionen, schlechten Noten, geringerer Leistungsfähigkeit etc. Diese Abweichungen zwischen der inneren Uhr und den äußeren beeinflussenden Faktoren unserer Zeit wird als sozialer Jetlag definiert.[43]

Die Psychologie beschreibt die Zeit in ihrer subjektiven Wahrnehmung. Ein Modell von Plattner aus dem Jahr 1990 unterstreicht diese Theorie. Sie beschreibt das Zeitbewusstsein als Oberkategorie mit den jeweiligen Unterkategorien: Zeiterleben, Umgang mit Zeit und Zeitperspektive.
Zeiterleben bedeutet für sie das Empfinden der Zeit im alltäglichen Leben. Dieses Empfinden ist mit Emotionen verbunden. Der Mensch denkt über die Zeit nach und nimmt sie somit bewusst oder unbewusst wahr. Dies führt zum Empfinden von Zeitknappheit, Zeitdruck, überschüssiger Zeit, Langeweile etc.
Unter Umgang mit der Zeit wird die Zeit als etwas Verfügbares beschrieben. Sie umfasst das pragmatische Planen der zur Verfügung stehenden Zeit. Hierbei sind die Persönlichkeit sowie der soziale Kontext ausschlaggebend für die Planung.[44]
Bezugnehmend auf die Zeitperspektive teilt ein Individuum gedanklich die persönlichen und sozialen Erfahrungen unterbewusst in zeitliche Kategorien ein. Dies hilft, um die Ereignisse zeitlich zu rekonstruieren und sie zu ordnen und bewerten zu können. Ereignisse können in der Vergangenheit, der Gegenwart oder der antizipierten Zukunft liegen. Die Professoren für Psychologie, Zimbardo und Boyd, haben die Zeitperspektive in die folgenden sechs Dimension eingeteilt[45]:

o Negative Vergangenheit: Menschen messen negativen Ereignissen der Vergangenheit eine hohe Bedeutung zu.
o Positive Vergangenheit: Menschen messen positiven Ereignissen der Vergangenheit eine hohe Bedeutung zu.
o Hedonistische Gegenwart: Menschen messen dem unmittelbaren Moment der Gegenwart eine hohe Bedeutung zu.

[42] Vgl. Peschel, P. (2021), S. 40
[43] Vgl. Arenberg, P. (2018), S. 73
[44] Vgl. Hinz, A. (2000), S. 10
[45] Vgl. Schinkel, S. et al. (2020), S. 353-356

o Fatalistische Gegenwart: Menschen glauben an das Schicksal und stehen der Zukunft pessimistisch gegenüber.

o Zukunft: Menschen mit Ausgeprägtheit in dieser Dimension schöpfen Motivation aus Anreizen und gesteckten Zielen in der Zukunft.

o Transzendentale Zukunft: Die Sicht auf die Zukunft hat ihren Ursprung in religiöser und esoterischer Natur.

Grundsätzlich sind alle Dimension unabhängig voneinander. Ein Individuum kann mehrere starke Ausprägungen in verschiedenen Dimensionen aufweisen. Die Stärke der Ausprägung ist im Laufe des Lebens auch veränderlich wie bspw. durch einschneidende Erlebnisse, Therapien und Trainings.[46]
Zimbardo und Boyd haben darüber hinaus erforscht, wie die ideale Kombination der Zeitperspektiven bei einem Individuum aussehen müsste. Die positive Vergangenheit sollte stark ausgeprägt, Zukunft und Gegenwartshedonismus moderat ausgeprägt und negative Vergangenheit sowie fatalistische Gegenwart schwach ausgeprägt sein, damit die optimale Zeitorientierung erreicht werden kann.[47]

Über die Zukunftsplanung herrscht in der psychologischen Forschung eine Optimismus-Realismus-Debatte. Humanistische Forscher sind der Meinung, dass eine realistische Einschätzung über die eigene Zukunft fördernd für die Gesundheit und Persönlichkeit ist, wohingegen die empirische Psychologie darauf verweist, dass eine positives und optimistisches Zukunftsbild für mehr Zufriedenheit sorgt.[48]
Weitere Forschungserkenntnisse in Zusammenhang mit der Zeit bestehen bei dem Thema Lebenstempo. Das Lebenstempo erhöht sich stetig, was von Soziologe Hartmut Rosar soziale Beschleunigung genannt wird. Dennoch müsste mehr Zeit für jeden Einzelnen verfügbar sein, da Maschinen und Transportmittel ebenfalls immer schneller und innovativer werden. Geradezu das Gegenteil ist Realität. Die Beschleunigung macht sich bemerkbar im persönlichen Handeln (schneller essen, schneller lesen etc.), in der Reduzierung von Pausen, in der

---

[46] Vgl. Schinkel, S. et al. (2020), S. 355
[47] Vgl. Heuwinkel, L. (2019), S. 40
[48] Vgl. Oettingen, G. (2000), S. 52

Ausführung mehrerer Tätigkeiten gleichzeitig sowie in der Ersetzung von langsameren durch schnellere Aktivitäten (bspw. Lieferdienst anstatt Kochen etc.).[49] Damit in Verbindung steht der Begriff „Prokrastination". Menschen schieben dringende Aufgaben auf, um etwas von geringerer Priorität zu erledigen. Gründe dafür können schlechtes Zeitmanagement, geringe Ausdauer und Belastbarkeit, zu komplexe Aufgabe, Angst vor Versagen etc. sein. Als negative Konsequenzen kann Prokrastination zu schlechten Noten, längeren Ausbildungs- oder Studienzeiten, höheres Stresserleben, Schamgefühlen und Depressionen führen.[50]

Im nachfolgenden Teil wird erörtert, welche Erkenntnisse aus den oben erläuterten theoretischen Grundlagen der Zeit als psychosoziale Dimension für eine berufstätige Fernstudentin mit zwei Kindern gewonnen werden konnten.

Diese Situation ist keineswegs mit einem Vollzeitstudenten vergleichbar. Ein Fernstudium lässt sich komplett flexibel gestalten, was eine hohe Eigendisziplin sowie ein gutes Zeitmanagement erfordert. Die Mehrfachbelastung durch Familie, Beruf und Fernstudium bringt einige Herausforderungen mit sich, die es zu meistern gilt.
Die Erziehung und Pflege der Kinder sollte oberste Priorität haben und nimmt viel Zeit in Anspruch. Hierbei kommt es zu regelmäßigen sowie unregelmäßigen Verpflichtungen wie Arztterminen, Verabredungen, Kinder zum Kindergarten/ Schule bringen etc., die eingeplant werden müssen. Des Weiteren bestehen ebenso durch den Beruf feste Zeiten und Termine, bei denen die Fernstudentin verfügbar sein muss. Aus diesen Gründen sollte sie sich mit dem Thema Zeit beschäftigen und geeignete Zeitmanagementmethoden einsetzen, um die Herausforderungen zu bewältigen.
Eine Optimierungsplattform bietet der Schlaf. Die Fernstudentin sollte darauf achten, dass sie genügend Schlaf hat, um genügend Energie für den Tag zu haben. Schlaf fördert unsere Gesundheit, lädt unsere Energieressourcen auf und stärkt das Gedächtnis. Er ist die wichtigste Quelle für die eigene Regeneration des kompletten Organismus.[51] Die Energie wird benötigt für die Mehrfachbelastung

---

[49] Vgl. Arenberg, P. (2018), S. 80
[50] Vgl. fu-berlin (2011), S. 1-2
[51] Vgl. Weeß, H.-G. (2018), S. 1

der Fernstudentin. Somit kann auch die innere Uhr im Gleichgewicht gehalten und somit einem sozialen Jetlag aktiv vorgebeugt werden.

Zusätzlich ist es ratsam, die persönlichen Ziele für die einzelnen Lebensbereiche wie Studium, Beruf, Familie zu formulieren. Eine Verschriftlichung kann bei der Einprägung enorm helfen. Dies führt zu mehr Strukturiertheit und sorgt für Motivation. Zudem können kleine Zwischenziele der Prokrastination vorbeugen. Durch das Erreichen der Ziele wird das Selbstwertgefühl gestärkt und die Dimension der positiven Vergangenheit vergrößert.

Außerdem können Tagespläne die Bewältigung der Aufgaben erleichtern. Die Studierende kann sich die anfallenden Aufgaben für den Tag aufschreiben und ebenso Zeiten für spontane Dinge einplanen. Zeiten für den Beruf sowie das Studium sollten zu ihren produktivsten Zeiten, abhängig vom Chronotyp, eingeplant werden.

Unter all der Organisation, den vielzähligen Methoden des Zeitmanagements und den Herausforderungen, welche die Mehrfachbelastung mit sich bringt, ist es von enormer Wichtigkeit, auf den eigenen Körper zu hören und Signale wie Schlafstörungen, Lustlosigkeit etc. bewusst wahrzunehmen und sensibel damit umzugehen. Die Mehrfachbelastung ist eine enorme geistige und körperliche Herausforderung, und die Fernstudentin sollte sich ebenso aktiv Zeit zur Entspannung und Entschleunigung nehmen.

Genauso darf sie sich selbst und ihre eigenen Hobbies nicht vergessen, um langfristig glücklich und positiv zu sein.

Zusammenfassend lässt sich festhalten, dass es für eine berufstätige Fernstudentin mit zwei Kindern notwendig ist, sich mit dem Thema Zeit zu beschäftigen. Eine stetige Kontrolle der Ziele, strukturierte Planungen und genügend Schlaf helfen bei der Bewältigung der Mehrfachbelastung. Trotzdem sollte genügend Zeit für Entspannung und Erholung eingeplant werden, um sich vollständig zu regenerieren und genügend Energie zu tanken.

Literaturverzeichnis

Arenberg, P. (2018), Selbst- und Zeitmanagement, 1. Auflage, Riedlingen: SRH Fernhochschule

Baumeister, I. (2016), PowerPoint 2016 – Gekonnt präsentieren!: Leicht verständlich – komplett in Farbe!, 1.Auflage, Passau: Bildern Verlag

Baus, L. (2015), Selbstmanagement: Die Arbeit ist ein ewiger Fluss, 1. Auflage, Wiesbaden: Springer Gabler Verlag

Becker, J., Ebert, H. Pastoors, S. (2018), Praxishandbuch berufliche Schlüsselkompetenzen, 1. Auflage, Wiesbaden: Springer Gabler

Billing, F., Schawel, C. (2014), Top 100 Management Tools, 5. Auflage, Wiesbaden: Springer Gabler

Boyanova, B. (2015), Analyse und Bewertung der industriellen Methoden zur Artikelsegmentierung für die Materialwirtschaft, 1. Auflage, München: Igel Verlag

Dechange, A. (2020), Projektmanagement – Schnell erfasst, 1. Auflage, Wiesbaden: Springer Gabler

Dimbath, O. (2016), Soziologische Zeitdiagnostik, 1. Auflage, Stuttgart: Uni-Taschenbücher

Duden (2021), psychosozial, Zugriff am 23.09.2021, Verfügbar unter https://www.duden.de/rechtschreibung/psychosozial

Eckhoff, M. (2015), Packend präsentieren mit Prezi, 1. Auflage, Heidelberg: dpunkt.verlag

Fauteck, J.-D. (2018), Eine Frage der Zeit – Wie die Chronobiologie unser Leben beeinflusst, 1. Auflage, Wien: Christian Brandstätter Verlag

Fu-berlin (2011), Prokrastination: Theoretischer Hintergrund, Zugriff am 25.09.2021, Verfügbar unter https://www.fu-berlin.de/sites/studienberatung/projekte/Projekt-Prokrastinationspraxis/Handout-Prokrastinationsstheorie.pdf

Google (2021), Eine kurze Geschichte der Zeit, Zugriff am 24.09.2021, Verfügbar unter https://www.google.de/books/edition/Eine_kurze_Geschichte_der_Zeit/-oVtAgAAQBAJ?hl=de&gbpv=0&kptab=overview

Grabwoski, J. (2008), Aufmerksamkeitslenkung bei foliengestützen Vorträgen: Drei Aspekte der räumlichen Koordination und die Schwierigkeit von PowerPoint-Präsentationen, Zugriff am 10.09.2021, Verfügbar unter https://www.researchgate.net/profile/Joachim-Grabowski/publication/299078821_Aufmerksamkeitslenkung_bei_foliengestutzen_Vortragen_Drei_Aspekte_der_raumlichen_Koordination_und_die_Schwierigkeit_von_PowerPoint-Prasentationen/links/5a7c4271aca272669a2bd825/Aufmerksamkeitslenkung-bei-foliengestuetzen-Vortraegen-Drei-Aspekte-der-raeumlichen-Koordination-und-die-Schwierigkeit-von-PowerPoint-Praesentationen.pdf

Griesfelder, R. (2013), Schafft PowerPoint ab! in Controlling & Management Review, Heft 5, Wiesbaden: Springer Gabler

Händel, D., Kresimon, A., Schneider, J. (2007), Schlüsselkompetenzen: Reden – Argumentieren – Überzeugen, 1. Auflage, Stuttgart: J.B. Metzler

Hesse, M (2010), Vielen Dank für Ihre Aufmerksamkeit! oder: Ist PowerPoint böse? – Eine Stilkritik, Zugriff am 03.09.2021, Verfügbar unter https://orbilu.uni.lu/bitstream/10993/34081/1/Vielen%20Dank%20für%20Ihre%20Aufmerksamkeit_RB222.pdf

Heuwinkel, L. (2019), "Ich hab' keine Zeit!": Zeitknappheit, Zeitkonflikte und Zeitwohlstand, 1. Auflage, Münster: LIT Verlag

Hinz, A. (2000), Psychologie der Zeit, 1. Auflage, Münster: Waxmann Verlag

Kollmann, T., Kuckertz, A., Stöckmann, C. (2016), Die wissenschaftliche Arbeit planen. In: Das 1 x 1 des Wissenschaftlichen Arbeitens, 1. Auflage, Wiesbaden: Springer Gabler

LearnNewThings (2018), Mark Zuckerberg Presentation Skills Breakdown, Zugriff am 03.09.2021, Verfügbar unter https://www.youtube.com/watch?v=JZhtXyN0PBM

Macmillan, P. (2019), The Statesman's Yearbook Companion, 1. Auflage, Wiesbaden: Springer Gabler

May, S. (2015), Der Leitfaden für effizientes Zeitmanagement, Selbstmanagement und Informationsmanagement im Office, 2. Auflage, Wiesbaden: Springer Gabler

Microsoft (2021), PowerPoint, Zugriff am 10.09.2021, Verfügbar unter https://www.microsoft.com/de-de/microsoft-365/p/power-point/CFQ7TTC0K7C6/0002?source=googleshop-ping&ef_id=CjwKCAjwhOyJBhA4Ei-wAEcJdcUKGB8pEw9EaAKVt_uvD27tmcFCIpL-ZjEiaCtove4PxYXCkDEOc-hoCpCIQAvD_BwE%3aG%3as&OCID=AID2200007_SEM_CjwKCAjwhOyJBhA4EiwAEcJdcUKGB8pEw9EaAKVt_uvD27tmcFCIpL-ZjEiaCtove4PxYXCk-DEOc-hoCpCIQAvD_BwE%3aG%3as&lnkd=Google_O365SMB_Brand&gclid=CjwKCAjwhOyJBhA4EiwAEcJdcUKGB8pEw9EaAKVt_uvD27tmcFCIpL-ZjEiaC-tove4PxYXCkDEOc-hoCpCIQAvD_BwE&activetab=pivot%3aoverviewtab

Morgenroth, O. (2008), Zeit und Handeln: Psychologie der Zeitbewältigung, 1. Auflage, Stuttgart: Kohlhammer Verlag

Motte, P. (2009), Moderieren, Präsentieren, Faszinieren, 1. Auflage, Dortmund: W3L-Verlag

Müller, A. (2013), Raum und Zeit, 1. Auflage, Berlin/Heidelberg: Springer Gabler

Oettingen, G. (2000), Optimismus versus Realismus: Probleme und Lösungen einer andauernden Debatte, Zugriff am 25.09.2021, Verfügbar unter https://www.psy.uni-hamburg.de/arbeitsbereiche/paedagogische-psychologie-und-motivation/personen/oettingen-gabriele/dokumente/oettingen-2000-optimis-mus-realismus.pdf

Peschel, P. (2021), Meine innere Uhr: Arbeits- und Biorhythmus endlich in Einklang bringen. Mit 3-Schritte Programm für mehr Gesundheit und Leistungskraft, 1. Auflage, Hannover: Schlütersche Verlag

Renz, K.-C. (2016), Das 1 x 1 der Präsentation, 2. Auflage, Wiesbaden: Springer Gabler

Rusch, S. (2019), Stressmanagement, 2. Auflage, Wiesbaden: Springer Gabler

Schinkel, S., Hösel, F., Köhler, S.-M., König, A., Schilling, E., Schreiber, J. et al. (2020), Zeit im Lebensverlauf: Ein Glossar, 1. Auflage, Bielefeld: transcript Verlag

Statista (2020), Meistegnutze Office-Software in Unternehmen in Deutschland 2020, Zugriff am 03.09.2021, Verfügbar unter https://de.statista.com/statistik/da-ten/studie/77226/umfrage/internetnutzer---verbreitung-von-office-software-in-deutschland/

Sutoris, M. (2018), Der UNI-Coach, 1. Auflage, Berlin/Heidelberg: Springer Gabler

vwl.uni-mannheim (2016), Den Zeitdieben auf der Spur – Selbstdisziplin dank Software, Zugriff am 11.07.2021, Verfügbar unter https://www.vwl.uni-mann-heim.de/media/Fakultaeten/vwl/Dokumente/Leitfaden_Zeitdiebe.pdf

Weeß, H.-G. (2018), Schlaf wirkt Wunder – Alles über das wichtigste Drittel unseres Lebens, 1. Auflage, Droemer eBook

Wetterwald, C. (2007), PP-Learning: PowerPoint als einfache E-Learning-Software im Unterricht, Zugriff am 03.09.2021, Verfügbar unter http://docplayer.org/8586009-Pp-learning-powerpoint-als-einfache-e-learning-software-im-unterricht.html

BEI GRIN MACHT SICH IHR WISSEN BEZAHLT

- Wir veröffentlichen Ihre Hausarbeit, Bachelor- und Masterarbeit

- Ihr eigenes eBook und Buch - weltweit in allen wichtigen Shops

- Verdienen Sie an jedem Verkauf

Jetzt bei www.GRIN.com hochladen
und kostenlos publizieren